Sexuelle Reinheit

– ist das möglich?

Reihe Orientierung, Band 3

SAMENKORN

1. Auflage 2012
Bestellnummer: 894 055
Text und Herausgeber: Dr. Lothar Gassmann

ISBN 978-3-86203-055-2

Inhalt

Einleitung

Verführungen lauern heutzutage auf vielen Gebieten. Eine der stärksten Verführungen lauert auf dem Gebiet der Sexualität.

Gibt es einen Weg, sexuell rein zu bleiben? Um diese Frage zu beantworten, betrachten wir zunächst, was Jesus Christus über Ehe und Ehebruch sagt. Wir lesen in Matthäus 5,27-30 Jesu Worte:

Ihr habt gehört, dass gesagt ist: Du sollst nicht ehebrechen. Ich aber sage euch: Wer eine Frau ansieht, sie zu begehren, der hat schon mit ihr die Ehe gebrochen in seinem Herzen. Wenn dir aber dein rechtes Auge Ärgernis schafft, so reiß es aus und wirf's von dir. Es ist dir besser, dass eins deiner Glieder verderbe und nicht der ganze Leib in die Hölle geworfen werde. Wenn dir deine rechte Hand Ärgernis schafft, so haue sie ab und wirf sie von dir. Es ist dir besser, dass eins deiner Glieder verderbe und nicht der ganze Leib in die Hölle fahre.

Hier geht es um Ehe und Ehebruch und zugleich um die Reinheit des Herzens, um die Reinheit der sexuellen Beziehungen sowie um die zerstörerischen Folgen von Unreinheit und Unzucht. Der Herr Jesus zitiert das sechste Gebot aus 2. Mose 20,14, welches lautet: *Du sollst nicht ehebrechen*. Das heißt, du sollst nicht in eine fremde Ehe eindringen, denn das würde sowohl dich als auch die fremde Ehe zerstören. Jesus Christus macht deutlich, dass der Maßstab Gottes höher ist, als wir uns das vielleicht vorstellen, denn der Ehebruch beginnt schon im Herzen, in den Gedanken, im Begehren.

In den weiteren Geboten in 2. Mose 20 heißt es ja: *Du sollst nicht begehren deines Nächsten Frau ...* So vertieft Jesus dieses Gebot, indem Er sagt: *Wer eine Frau ansieht, sie zu begehren, der hat schon mit ihr die Ehe gebrochen in seinem Herzen.* Das sechste Gebot und das zehnte Gebot (nach der traditionellen Zählung) werden hier von dem Herrn Jesus zusammengefasst. Nicht ehebrechen und noch nicht einmal begehren. Und das beginnt mit der Augenlust und der daraus folgenden Fleischeslust.

Wie sieht es, wenn wir uns ehrlich prüfen, in unseren Herzen aus? Können wir Jesu Gebot immer halten? Vielleicht können wir uns von der tatsächlichen Ausführung des Ehebruchs enthalten, aber an dem Gebot des Nichtbegehrens wurden wir gewiss alle schon schuldig. Der Maßstab des Herrn ist hier sehr hoch.

Ich möchte zunächst einmal mit uns betrachten, was die Ehe kennzeichnet, und dann die Frage stellen: Wo beginnt Ehebruch und was meint der Herr Jesus mit Nichtbegehren ganz konkret? Sodann möchte ich fünf Strategien zur Erhaltung und Wiedergewinnung der Reinheit aufzeigen.

Was kennzeichnet die Ehe nach Gottes Willen?

Die Ehe ist ein von Gott gewollter lebenslanger Bund zwischen Mann und Frau. Dieser darf nicht von Menschen aufgelöst werden. Einzig dann, wenn ein Partner Ehebruch begeht oder ein ungläubiger Partner den Gläubigen verlassen will, kann bei mangelnder Unbußfertigkeit und Versöhnung die Ehe geschieden werden (siehe dazu Matthäus 5,32; 19,9 und 1. Korinther 7,15). Die Ehe ist verbunden mit einem Treueversprechen, das vor dem Angesicht Gottes abgegeben wird. Ehe gründet auf der Liebe zwischen einem Mann und einer Frau. (Dies muss man heute schon dazu sagen!) Die Ehe hängt zusammen mit Fruchtbarkeit. Wenn dies auch manchmal nicht der Fall ist, so kann eine Ehe trotzdem durch die Liebesbeziehung der Ehegatten vom Herrn gesegnet sein. Fruchtbarkeit ist auch immer wieder eine besondere Gnade. Es gibt Ehen, die fruchtbar sind, Ehen mit Kindern. Es gibt aber auch Ehen, denen dies nicht geschenkt ist. Aber auch diese Ehen können Abbild der Liebe des Herrn Jesus zu Seiner Gemeinde sein (vgl. Epheser 5).

Eine gottgewollte Ehe zwischen Mann und Frau ist vom Herrn gesegnet, wenn sie mit Liebe und Treue geführt wird. Eine grundlegende Aussage hierzu findet sich in 1. Mose 2,18 ff.: *Und Gott der HERR sprach: Es ist nicht gut, dass der Mensch allein sei.* (Es kann auch übersetzt werden: ... *dass der Mann* [adam] *allein sei.* Adam bedeutet: der aus der Erde Genommene, der Erdenmensch.) *Ich will ihm eine Gehilfin machen, die um ihn sei.* Gott durchbricht auf wunderbare Weise die Einsamkeit des Menschen. Er schafft Zweisamkeit, schafft Beziehung. Er schenkt dem Manne eine Ansprechpartnerin im Hinblick auf eine Beziehung, in welcher Liebe und Austausch, Kommunikation stattfinden, aus welcher Kinder entspringen können.

In der Heiligen Schrift wird uns dann weiter berichtet, dass der Mann einem jeden Tier einen Namen gegeben hat, aber unter den Tieren keine Gehilfin für sich selbst fand. So heißt es dann ab Vers 21: *Da ließ Gott der HERR einen tiefen Schlaf fallen auf den Menschen und er schlief ein. Und Er nahm eine seiner Rippen und schloss die Stelle mit Fleisch. Und Gott der HERR baute ein Weib aus der Rippe, die Er von dem Menschen nahm und brachte sie zu ihm.* Dies soll zeigen, dass die Frau aus demselben Fleisch ist wie der Mann. Zu erwähnen ist noch, dass die Rippe in der Nähe des Herzens sitzt. So hat die Frau dieselbe Wesensart wie der Mann und ist seine Ergänzung, seine Gehilfin. Weiter heißt es dann in der Bibel: *Da sprach der Mensch (oder Mann): Das ist doch Bein von meinem Bein und Fleisch von meinem Fleisch. Man wird sie Männin nennen, weil sie vom Manne genommen ist.* Im Hebräischen heißt der Mensch isch – und ischah die Frau. Die Sprachwurzel ist die gleiche. Luther hat versucht, dies mit seiner Übersetzung nachzuahmen: Mann und Männin. So sind Mann und Frau zusammen der Mensch – vom gleichen Fleisch, wunderbar geschaffen, aber auch vergänglich infolge des Sündenfalls.

Nun heißt es ab Vers 24: *Darum wird ein Mann seinen Vater und seine Mutter verlassen und seiner Frau anhangen und sie werden* ***ein*** *Fleisch sein.* Die Eltern schenken uns eine Zeit der Geborgenheit, danach aber – so ist es Gottes Wille – werden wir Vater und Mutter verlassen, das heißt, je nach Geschlecht wird sich der Mensch einen Partner suchen. Entscheidend ist, dass der Ehebund enger ist als der Bund mit den Eltern. Denn in diesem Ehebund wird der Mensch »ein Fleisch«; nicht nur körperlich, sondern auf allen Gebieten – geistig, seelisch, körperlich – so sollte es zumindest sein.

Das heißt nicht, dass dadurch zwei identische Wesen entstehen. Die personellen Unterschiede bleiben bestehen, aber die Ehe zwischen Mann und Frau ist die engste menschliche Gemeinschaft auf Erden.

Die engste Gemeinschaft überhaupt soll der Mensch mit Gott haben. So soll an erster Stelle der menschlichen Bindungen Jesus stehen, an zweiter Stelle der Ehepartner, gefolgt von den Kindern, und dann die anderen Menschen. Mögen wir uns da immer wieder korrigieren lassen, wenn sich diese Reihenfolge in unserem Leben verschoben hat. Vielleicht ist manchen der Beruf wichtiger als Gott, oder die Kinder wichtiger als der Ehepartner. Dies sollte nicht so sein. Aber die Familie rangiert vor der Gemeinde und dem Beruf. Es gibt manche Männer, die keinen Abend zu Hause sind, weil jeden Abend irgendeine Sitzung stattfindet – sei es in Gemeinden oder in Firmen und Vereinen. Dies ist nicht der Wille des Herrn. Wenn wir immer von zu Hause abwesend sind, stirbt die Liebe und das Familienleben ab.

Als Bund werden in der Bibel abgelehnt: homosexuelle Beziehungen. Diese widersprechen Gottes Schöpfungsauftrag schon daher, weil er lautet: *Seid fruchtbar und mehret euch.* Es müsste auch jedem ungläubigen Menschen einleuchten, dass aus homosexuellen Beziehungen keine Kinder hervorgehen können und dass dies dem Schöpfungsauftrag Gottes widerspricht. Erschütternd ist, dass homosexuelle »Paare« ein Adoptionsrecht fordern, um Kinder in solchen widergöttlichen Beziehungen bzw. Bindungen aufwachsen zu lassen. So wollen Homosexuelle ihre Fehlform der Geschlechtlichkeit »vermehren«. Rein biologisch ist eine Fortpflanzung homosexueller Art natürlich nicht möglich und daher schon von Gottes Schöpfungsplan her zum Aussterben verurteilt. Aber es ist ein Zeichen unserer Zeit, dass der Mensch versucht, alles umzukehren (Symbol der Widergöttlichkeit ist ja das umgekehrte Kreuz).

Von Gott abgelehnt werden also homosexuelle Beziehungen (vgl. Röm 1; 1. Kor 6 u.a.). Sie widersprechen Gottes Schöpfungsauftrag.

Abgelehnt werden Unzucht und Ehebruch (im griechischen: porneia und moicheia) und alles, was damit zusammenhängt, da diese Sünden den Bund der Ehe, die Treue, die Liebe und das Vertrauen zwischen den Menschen zerstören. Diese Sünden können sicherlich vergeben werden, wenn sie begangen wurden, aber der Vertrauensbruch zwischen den Ehepartnern wird als Folge dieser Sünden immens sein.

Als widergöttlich abgelehnt wird auch die Polygamie, die so genannte Vielehe. Zur Zeit der Erzväter und der Könige war sie verbreitet. Auch Salomo hatte einen Harem von ca. 1.000 Frauen um sich geschart, was ihn später zum Götzendienst verführte. Aber der ursprüngliche Gotteswille ist es, dass das Paar *ein* Fleisch wird – und dies kann ein Mann nur mit *einer* Frau sein. Dies hat der Herr Jesus wieder neu hervorgehoben. Auch der Apostel Paulus hat in Epheser 5 sinngemäß gesagt: So wie Christus die Gemeinde liebt, so soll der Mann seine Frau lieben, denn sie ist sein eigenes Fleisch. Wer seine Frau liebt, der liebt sein eigenes Fleisch.

Wann beginnt Ehebruch?

Wann beginnt Ehebruch? Er beginnt, sobald ein Dritter oder eine Dritte in den Schutzkreis, in den Segensbereich der Ehe eindringt. Manche behaupten, die Sünde des vollzogenen Ehebruchs hätte sie wie ein Blitz überfallen. Dies ist aber nicht so. Normalerweise vollzieht sich der Weg zum Ehebruch schleichend, schrittweise. Es mag Kurzschlusshandlungen geben, aber in der Regel bahnt sich der Ehebruch längerfristig an. Gefahrenherde sind zum Beispiel so genannte »Bürobeziehungen«. Überall da, wo man nahe zusammenarbeitet, sollte deshalb genügend persönliche – vor allem körperliche – Distanz gehalten werden.

Ehebruch beginnt bereits im Herzen. In Gedanken, in der Phantasie kann sich die Unreinheit ausbreiten. Der Herr Jesus geht auch hier an die Wurzel, wenn Er in Matthäus 15,19 sagt: *Aus dem Herzen kommen arge Gedanken: Mord, Ehebruch, Unzucht, Dieberei, falsches Zeugnis, Lästerung. Das sind die Stücke, die den Menschen unrein machen. Aber ohne Waschung der Hände essen, macht den Menschen nicht unrein*. (Nicht unrein im Herzen und vor Gott). Deshalb gilt der Aufruf: Beschütze dein Herz!

In Matthäus 5,28 spricht der Herr: *Wer eine Frau ansieht, sie zu begehren, der hat schon mit ihr die Ehe gebrochen in seinem Herzen*. Hier steht im griechischen Text für Frau: gynä. Die meisten Ausleger sind der Ansicht, dass mit »gynä« die verheiratete Frau gemeint ist. Darf man somit eine »Jungfrau« begehrlich anschauen? Bei der Auslegung einer Bibelstelle ist es wichtig, immer die ganze Heilige Schrift im Blick zu haben. So lehrt uns die Bibel durch ein Wort aus Hiob 31,1: *Ich habe einen Bund gemacht mit meinen Augen, dass ich nicht lüstern blickte auf eine Jungfrau*. (Im Hebräischen steht hier das Wort für »eine Jungfrau«). Hiob führt dann noch weiter aus, welche Folgen die Übertretung dieses Bundes hat, den er mit seinen Augen bzw. mit dem HERRN geschlossen hat. (Die Augen sind das »Organ« für die Augenlust.): Hiob 31,9-11: *Hat sich mein Herz betören lassen um eines Weibes willen und habe ich an meines Nächsten Tür gelauert, so soll mein Weib einem anderen mahlen (ihn versorgen), und andere sollen sich über sie beugen. Denn das ist eine Schandtat und eine Schuld, die vor die Richter gehört. Ja, das ist ein Feuer, das bis in den Abgrund frisst und alle meine Habe bis auf die Wurzel vernichtet.* Das sind die bitteren Folgen des Ehebruchs.

Ehebruch zerstört die Ehe. Die Bibel sieht diese Sünde sehr realistisch und nimmt kein Blatt vor den Mund. So schreibt sie über den Ehebruch ausführlich in Sprüche 6 und 7. In Sprüche 6,23-26 lesen wir: *Denn das Gebot ist eine Leuchte und die Weisung ein Licht und die Vermahnung ist der Weg des Lebens, auf dass du bewahrt werdest vor der Frau deines Nächsten, vor der glatten Zunge der Fremden. Lass dich nach ihrer Schönheit nicht gelüsten in deinem Herzen und lass dich nicht fangen durch ihre Augenlider. Denn eine Hure bringt einen ums Brot, aber eines anderen Ehefrau um das kostbare Leben.* Denn so heißt es in Vers 34 f. über die Rache des beleidigten Ehemannes: *Eifersucht erweckt den Grimm des Mannes und er schont nicht am Tage der Vergeltung und achtet kein Sühnegeld und nimmt nichts an, wenn du auch viel schenken wolltest.* So lässt sich der zerstörte Ehebund durch Geld oder ähnliches nicht mehr kitten. Nur durch tiefe Buße und Beugung vor Gott und Menschen ist Vergebung möglich. Diese Möglichkeit gewährt der Herr, sonst wären viele verloren. In der Bibel finden sich immer wieder solche Beispiele, so in Johannes 8,wo Jesus der Ehebrecherin vergibt, allerdings mit der Mahnung, nicht mehr zu sündigen.

In Sprüche 7,27 steht über die Frau, die einen Jüngling, einen Mann zum Ehebruch verführt: *Ihr Haus ist der Weg ins Totenreich, da man hinunterfährt in des Todes Kammern.* Dies gilt als Warnung gerade auch für Männer.

Zusammengefasst können wir sagen: Der Herr Jesus ist realistisch. Er kennt das menschliche Herz durch und durch. In Matthäus 5,28 geht es um den ehebrecherischen, lüsternen Blick. Es geht um die Übertretung des 6. Gebotes: *Du sollst nicht ehebrechen.* Es geht um das Eindringen in eine fremde Ehe (gynä = verheiratete Frau). Aber, gesamtbiblisch betrachtet, kann auch der Blick auf die Jungfrau zur Sünde werden. Nun müssen wir allerdings differenzieren: Es ist natürlich für einen ledigen Mann nicht verboten, eine ledige Frau anzuschauen. In gewissem Sinne ist das sogar geboten. Wer könnte sonst heiraten? Jesus warnt aber vor dem ehebrecherischen, lüsternen Blick bzw. dem schamlosen, unzüchtigen Blick. Generell ist der lüsterne Blick auf gewisse Reize der Frau nicht im Sinne Jesu. Hier sei an 1. Thessalonicher 4,3-5 erinnert: *Denn das ist der Wille Gottes, eure Heiligung, dass ihr meidet die Unzucht und ein jeder von euch seine eigene Frau zu gewinnen suche in Heiligkeit und Ehrerbietung, nicht in gieriger Lust wie die Heiden, die von Gott nichts wissen.*

Ein lediger Mann darf ein lediges Mädchen anschauen (und umgekehrt), um zu prüfen, ob das der richtige Ehepartner werden könnte. Anschauen heißt aber nicht, den anderen lüstern, wie in einer hurerischen Beziehung auf den Körper beschränkt, zu taxieren, sondern den ganzen Menschen, sein ganzes Wesen im Blick zu haben, um zu prüfen, ob er zu einem passt. Dieses Prüfen soll für einen Christen vor allem in geistlicher Hinsicht erfolgen: Ist dieser Mensch, der mir hier begegnet, auch ein wiedergeborener

Christ? Dann stellt sich die Frage nach einer gewissen Wesensgleichheit: Passen wir geistig zusammen? Ist unsere seelische Beschaffenheit ähnlich, so dass wir uns ergänzen und ertragen können? Oder gibt es auf diesem Gebiet zu große Unterschiede? Drittens folgt dann die Frage nach der Leiblichkeit: Was sind unsere Stärken, Schwächen und Gebrechen? Gibt es hier unüberwindbare Hindernisse oder können wir damit leben? Diese Fragen können hier nur angerissen werden.

Eines möchte ich betonen: Dieses eben beschriebene Prüfen ganzheitlicher und liebevoller Art hat nichts gemeinsam mit ausschweifenden sexuellen Phantasien. In diesen sieht man den Menschen nur als Lustobjekt, wie es z. B. beim Betrachten pornographischer Magazine und Bilder geschieht. Dies ist eine Entwürdigung des Gegenübers und diese Betrachtungsweise schadet einem auch selbst, denn die schlimmen Folgen ausschweifender sexueller Phantasien sind zum Beispiel: seelische Zerrüttung, Unzucht, Ehebruch, Prostitution, Geschlechtskrankheiten, Aids – und im schlimmsten Fall sogar die Tötung eines Menschen durch Abtreibung. Lassen wir uns von Gottes Wort warnen!

Der Herr Jesus ist hier sehr deutlich. In Matthäus 5,29-30 steht: *Wenn dir aber dein rechtes Auge Ärgernis schafft, so reiß es aus und wirf's von dir. Es ist besser, dass eins deiner Glieder verderbe und nicht der ganze Leib in die Hölle geworfen werde.* Ebenso parallel formuliert Jesus dies in Bezug auf die rechte Hand. Warum die rechte Hand, das rechte Auge? Dies ist im hebräischen Denken der aktive Teil des Menschen. Wir schreiben ja auch meistens mit der rechten Hand. Diese Äußerungen Jesu sind symbolisch zu verstehen. Denn wenn die rechte Hand abgehackt ist, ist immer noch die linke da. Ist das rechte Auge ausgerissen, bleibt doch noch das linke – und die linken Glieder sind ebenso sündig wie die rechten. Es geht vielmehr darum, den aktiven Teil, der uns in die Sünde führen möchte, »abzuhacken« bzw. »auszureißen«. Das bedeutet im übertragenen Sinne, die Quelle der Sünde und Unreinheit zu beseitigen.

Ich betone das Wort *Quelle*. Die Frage nach dieser Quelle muss sich jeder selbst beantworten. Womit laufe ich am meisten Gefahr, mich zu verunreinigen? Wo sind meine größten Schwächen? Meiner Meinung nach ist diese Quelle bei den Geschlechtern etwas unterschiedlich gelagert. Sind es bei den Männern eher die visuellen, optischen Reize, die sie in Versuchung führen, so sind es bei den Frauen gefühlsmäßige, emotionale Ausstrahlungen bzw. Empfindungen. So ist die Pornographie eher eine Versuchung für Männer, während Liebesromane und Arztromane eher Frauen ansprechen. Diese Romane können in eine Scheinwelt führen, die dann genauso zur Sünde wird wie die Pornographie. Manche Frau denkt dann vielleicht: Also, mein Mann entspricht diesem Arztideal aber überhaupt nicht! Diese Identifikation mit einem Romanheld, z. B. in Gestalt eines Arztes, ist auch schon Ehebruch in Gedanken. Dies führe ich an, um auch den Frauen ihre Gefährdung zu zeigen, bevor ich jetzt besonders auf die Männer eingehe. Frauen sind genauso sündig und verführbar wie Männer. Bemerkenswert ist natürlich, dass der Herr Jesus seine Warnungen vor Ehebruch an die Männer richtet: Wer eine *Frau* ansieht, sie zu begehren ...

Der Herr Jesus spricht konkret die Augen – und Fleischeslust an, die vor allem, aber nicht nur die Männer betrifft. Ehebruch beginnt im Herzen. Es ist der begehrliche Blick; es ist das Greifen nach der verbotenen Frucht, in diesem Falle nach der fremden Frau, und Ehebruch endet in der Gehenna, der Feuerhölle, der

Verdammnis. Nur die Buße, die Umkehr kann uns hier helfen und retten.

Nun komme ich aber zum wesentlichsten Teil, den ich folgendermaßen nenne:

Fünf Strategien für die Erhaltung oder Wiedergewinnung der Reinheit

Ich beginne nicht mit negativen, sondern mit positiven Aspekten.

Erstens: Sich viel mit Jesus und Seinem Wort beschäftigen. Das Herz mit reinen und heiligen Dingen füllen.

Entscheidend ist, dass wir durch das Licht die Finsternis vertreiben lassen, dass wir unser Herz so mit der Leuchtkraft Jesu füllen lassen, dass die Finsternismächte bettelnd um Einlass vor unserer Herzenstür stehen und wir ihnen sagen können: Hier wohnt Jesus, weicht von uns! Dies geschieht nicht aus eigener Kraft, sondern durch die Kraft des Herrn. Sind wir recht mit dem Worte Gottes gespeist, erkennen wir die ehebrecherische Fleisches- und Augenlust als billige Vergnügung mit einem ekligen, schalen Geschmack. So ist die stärkste Waffe gegen die Finsternismächte die Liebe zum Herrn Jesus Christus und die Stärkung durch Gottes Wort. Es darf kein Vakuum, kein Leerraum in den Gedanken entstehen, in welchen der Feind eindringen könnte. Müßiggang ist aller Laster Anfang. Ich verurteile keine Menschen, die gerne arbeiten würden, aber keine Arbeit finden. Aber Menschen, die den ganzen Tag Zeit haben und sich nicht sinnvoll beschäftigen, sondern vor dem Fernseher hocken, im Computer surfen, in der Stadt herumlaufen, fallen am ehesten in Sünde, weil sie sich der Augenlust vehement aussetzen.

Randy Alcorn beschreibt in seinem Buch mit dem Titel: »Beschütze dein Herz!« und dem Untertitel: »Warum es wichtig ist, mit Sexualität richtig umzugehen«

(Holzgerlingen 2005) ein Experiment (S. 53 f.):

> »Darf ich ein kleines Experiment mit Ihnen machen? Also: Denken Sie nicht an Schlangen! Ich wiederhole: Denken sie ***nicht*** an Schlangen, große, glitschige Schlangen, die nachts aus Ihrer Badewanne kommen und in Ihr Bett kriechen. Noch einmal: ***Nicht an Schlangen denken!*** Woran haben Sie gerade gedacht? Natürlich an Schlangen! Jetzt denken Sie bitte an ihren Lieblingsnachtisch. Zum Beispiel Obstsalat mit Schlagsahne. Oder Erdbeereis. Oder Apfelstrudel mit Vanillesoße. Denken Sie intensiv daran. Haben Sie gerade immer noch an Schlangen gedacht? Nein, erst jetzt wieder, wo ich sie wieder erwähne. Tatsache ist: Unser Gehirn kann kein Vakuum (keinen Leerraum) vertragen. [...] Es will mit irgendetwas gefüllt sein. Unreine Gedanken lassen sich durch reine Gedanken vertreiben.«

Diese Erkenntnis ist sehr hilfreich. Philipper 4,8 ist geradezu ein Merkvers für solche Menschen, die um Reinheit ringen: *Denkt über das nach, was rein und liebenswert und bewunderungswürdig ist – über Dinge, die Auszeichnung und Lob verdienen.*

Ich zitiere weiter aus Alcorn (S. 54):

> »Es ist schwierig, die bereits vorhandenen schädlichen Dateien im Festspeicher unseres Gehirns zu löschen, aber wir können verhindern, dass beliebig viele neue schädliche Dateien dazukommen. Und wir können die nützlichen Dateien öffnen. Es ist das einfache Gesetz von Ursache und Wirkung: Je mehr Reines und je weniger Unreines wir in unser Denken hineinlassen, umso leichter können wir der Versuchung widerstehen.«

Grundsätzlich gilt es, beim Kampf um die Reinheit immer wieder Jesus anzurufen, sich an Ihm und Seinem Wort zu freuen; in Seinem Wort zu Hause zu sein. So kommen wir zum zweiten Punkt:

Zweitens: Die Freude am Herrn ist unsere Stärke.

Hier geht es um die wirkliche, erfüllende Freude an Jesus, die alle Vergnügungen dieser Welt bei weitem überragt. Wir dürfen erkennen, dass die Freude an Jesus alle irdischen Freuden unendlich übertrifft. In Ihm allein haben wir den Lebenssinn: Die Antwort auf die Fragen nach dem Woher, dem Wozu und dem Wohin unseres Lebens: Woher kommen wir? Wozu leben wir hier? Wohin gehen wir nach diesem irdischen Leben? Als Christen wissen wir, dass wir von Gott kommen und zu Gott dem Vater zurückkehren werden, wenn wir Seine Kinder sind.

Wir haben Vergebung unserer Schuld und Sünde durch das Blut Jesu. Dies ist auch eine große Freude, die der Ungläubige nicht hat. Wir haben Jesu Frieden im Herzen, auch oder gerade in Sorgentälern. Wir haben ein ruhiges Gewissen, da wir durch Jesu Blut rein gewaschen sind, und wir haben die Verheißung ewigen Lebens. Dies ist doch viel kostbarer als alle irdischen Freuden!

Drittens: Der Versuchung keinen Raum geben, sondern, wenn sie kommt, sofort beten und mit dem Wort Gottes antworten.

Das sechste Kapitel des 1. Korintherbriefes behandelt weitgehend auch Fragen zur sexuellen Reinheit. Ich zitiere einige Kernverse, die man auch über das Bett, an die Wand oder über den Computer hängen kann:

1. Korinther 6,18-20: *Fliehet die Unzucht! Alle Sünden, die der Mensch tut, sind außerhalb seines Leibes. Wer aber Unzucht treibt, der sündigt an seinem eigenen Leibe. Oder wisset ihr nicht, dass euer Leib ein Tempel des Heiligen Geistes ist, der in euch ist, welchen ihr habt von Gott und ihr seid nicht euer Eigentum? Denn ihr seid teuer erkauft, darum preiset Gott an euerem Leibe.*

Das Wort Gottes sagt uns hier, dass die Sünde der Unzucht besonders hervorsticht, da sie direkt den Leib des Menschen betrifft. Hurerei und Ehebruch sind Sünden, die den Sünder sogar zu *einem* Fleisch mit der Hure bzw. dem Ehebrecher werden lassen. Gottes Wort aber sagt: *Kein Unzüchtiger … wird das Reich Gottes erben!* (1. Kor 6,9 f.).

Wir sind teuer erkauft! So ist es wichtig, sich bei jeder Versuchung zu überlegen: Was würde der Herr Jesus dazu sagen? Deshalb ergeht an uns folgender Aufruf: Blicket im Geiste in Jesu liebende Augen und wendet den Blick von Satans Zerrbild hinweg. Sehet auf zu Jesus, dem Anfänger und Vollender des Glaubens, durch Gebet und Stärkung durch Sein Wort.

Viertens: Vor der Unzucht fliehen.

Dies sei nun noch einmal vertieft und verschärft gesagt! Es gilt in dieser Versuchung nicht zu verharren und zu diskutieren, sondern zu fliehen, so wie es Josef bei der Frau des Potiphar gemacht hatte (1. Mose 39). Sie konnte nur noch sein Gewand festhalten. Er aber war entkommen, bevor die Sünde Macht über ihn gewinnen konnte. Denn je länger wir mit der Sünde liebäugeln und flirten, umso gefährlicher wird es.

Gefährlich ist besonders der Flirt, eine Tändelei mit dem anderen Geschlecht, bei der man seine Sorgen über die eigene Familie austauscht, so nach dem Motto: Du verstehst mich ja viel besser! So fangen oft Beziehungen seelisch an, die dann im Ehebruch enden. Hier gilt es, einen gesunden Abstand zu halten und Desinteresse zu zeigen, vielleicht sich sogar uninteressanter zu machen als man ist, damit der andere gar kein Interesse gewinnt. Dies ist vor allem gegenüber Personen wichtig, die wir oft sehen, z. B. am Arbeitsplatz, in der Gemeinde, im Hauskreis etc.

Vor allem aber gilt es, gegenüber Dritten, besonders gegenüber dem anderen Geschlecht, von der eigenen Familie bzw. Ehe nichts Schlechtes zu reden. Dazu gehören auch Probleme innerhalb der Ehe oder Familie. Diese sollten nur mit einem Seelsorger gleichen Geschlechts besprochen werden. Der Seelsorger sollte ein Mensch des Vertrauens sein, der im Glauben gefestigt ist. Allerdings berichtet uns die Geschichte der Gemeinde auch von Seelsorgern, die gefallen sind, weil der notwendige Abstand nicht gewahrt und sehr oft eben auch die Regel der Gleichgeschlechtlichkeit bei der Seelsorge missachtet wurde. Man darf diese Gefahren nicht unterschätzen. Ob wir nun Seelsorger sind oder selbst in die Seelsorge gehen, wir sollten prüfen, wem wir was zumuten können und ob nicht

Gefühle mitschwingen, die zur Versuchung werden können. Also gilt: nicht zu flirten, Abstand zu halten, Desinteresse zu zeigen und von der eigenen Familie Gutes zu reden.

Wenn uns irgendwelche aufreizenden Bilder begegnen, was ja heute an fast jeder Straßenecke der Fall ist, gilt es wegzublicken und so etwas nicht ins Haus zu holen. Auch aufreizende Sendungen im Fernsehen gilt es zu meiden. Für Gefährdete würde es sich empfehlen, den Fernseher ganz abzuschaffen, da überwiegend nichts Gutes darin zu sehen ist.

Was das Internet anbelangt, so sagte mir ein Bruder, dass sein Filter fürs Internet der Heilige Geist ist. Wer aber vom Internet zu sehr versucht ist, der sollte es nicht benutzen oder sich ein Filterprogramm zulegen. Auch hierfür gibt Alcorn in seinem Buch (S. 82 f.) praktische Tipps:

> ***Umgang mit dem Internet.*** Nehmen Sie sich einen ›familienfreundlichen‹ Provider, der Porno-Seiten von vornherein ausfiltert. Installieren Sie, falls notwendig, zusätzlich ein entsprechendes Filterprogramm auf Ihrem Computer. Prüfen (und ggf. ändern) Sie die Einstellungen in Ihrem Internet-Programm. So lassen sich zum Beispiel unerwünschte Werbefenster u. a. oft ausblenden. Vielleicht geben Sie einem Menschen Ihres Vertrauens Ihr Passwort und lassen ihn regelmäßig prüfen, was für Internetseiten Sie in den letzten Tagen oder Wochen besucht haben. Wenn Sie Probleme mit gewissen Internetseiten haben, gehen Sie nur dann ins Internet, wenn Sie nicht allein sind. Stellen Sie den Computer lieber ins Wohnzimmer (wo andere sehen können, was Sie machen) als ins stille Kämmerlein. Wenn alles nicht hilft, deaktivieren sie den Internetzugang Ihres Computers. Oder schaffen sie den Computer überhaupt ab, wenn nichts anderes funktioniert.«

Diese Haltung heißt auch ganz praktisch: »das Auge ausreißen«. Weiter schreibt Alcorn (S. 83) über das Fernsehen:

> »***Den Fernseher beherrschen.*** Wählen Sie vorher aus, was Sie sehen wollen. Zwischen den Kanälen hin- und herspringen (›zappen‹) kann gefährlich sein. Ziehen Sie den Netzstecker Ihres Fernsehers oder bewahren Sie ihn in einem Schrank oder in der Garage auf, damit Sie nicht ständig vor ihm kleben. Zögern Sie nicht, den ›Aus‹- Knopf zu drücken oder auf ein anderes Programm zu schalten, wenn es auf dem Bildschirm zu heiß wird. Schaffen Sie den Kabelanschluss oder die Satellitenschüssel ab, wenn die problematischen Sendungen von dort kommen.«

Eine weitere Möglichkeit ist, auf den Fernseher generell zu verzichten, wie ich selber es seit mehreren Jahrzehnten tue, ohne dass mir dabei das Geringste fehlt. Es gibt heute gute Filme auf DVD, die man per Computer anschauen kann. Es ist besser, sich so sein eigenes Programm zusammenzustellen, als sich unkontrolliert berieseln und zur Sünde verführen zu lassen.

Zusätzlich zur Gefahr der Verunreinigung kommt noch der Faktor der verlorenen Zeit hinzu. Den Fernseher kann man fast als »magische Scheibe« bezeichnen, von der man nicht mehr loskommt, wenn sie einmal eingeschaltet ist. Der Popstar Chris de Burgh hat den Fernseher einmal als »Devils Eye« (Teufelsauge) bezeichnet. Als Kind habe ich diese Fernsehsucht selbst gespürt. Man schaut nicht nur die ausgewählte Sendung, sondern noch etwas hinterher. Ich kenne etliche Menschen, die auch als Erwachsene noch fernsehsüchtig sind.

Um der Reinheit willen muss man manchmal auch bestimmte Illustrierte oder Modekataloge abbestellen, denn auch darin werden die Bilder immer freizügiger.

Nun ist es allerdings so, dass man nicht allen diesen Reizen einfach entfliehen kann. Wichtig bei dem Thema der Reinheit ist die Herzenshaltung und die Kraft des Heiligen Geistes in uns. Der Heilige Geist kann uns helfen, uns in diesen Versuchungen immer besser zu beherrschen. Nicht dass wir vollkommen oder ohne Versuchung leben könnten, aber je mehr wir im Worte Gottes verankert und mit dem Herrn Jesus verbunden sind, je mehr wir gestärkt sind durch den Heiligen Geist, desto besser können wir, ob wir Männer oder Frauen sind, der Sünde, die uns besonders in sexuellen Verführungen begegnet, widerstehen.

Dieses Freiwerden von der Sexsucht ist ein Entwöhnungskampf, wie er uns bei allen Süchten begegnet, die man ablegen will – und er wird nur in der Kraft des Heiligen Geistes siegreich sein. Je länger ich rein bleibe, umso besser kann ich mit neuen Versuchungen umgehen, umso weniger Macht hat der Feind über mich. Je mehr ich aber meine Gedanken mit schmutzigen Dingen füttere, umso heftiger sind die Versuchungen. Es gibt zu diesem Thema einen guten Spruch:

»Säe einen Gedanken, und ernte eine Tat.
Säe eine Tat, und ernte eine Gewohnheit.
Säe eine Gewohnheit, und ernte einen Charakter.
Säe einen Charakter, und ernte ein Schicksal.«

Dieses Schicksal heißt für den Christen, der in der Überwinderkraft Jesu Christi lebt, Himmel – und für alle anderen Hölle.

Zur Erläuterung: Zuerst ist es der Gedanke, der in uns aus unserem Herzen aufsteigt. Nun sagt ein christliches Sprichwort: Wir können nicht verhindern, dass die Vögel (Bild für die Gedanken) über unserem Kopf kreisen, aber wir können verhindern, dass sie Nester bauen. Die Frage ist nun: Geben wir den Gedanken Raum? Lassen wir sie sich in Herz und Kopf ausbreiten? Oder verscheuchen wir sie mit Gottes Hilfe – durch

Abweisung und Gebet? Die Sünde beginnt mit den Gedanken und im Herzen. Widerstehe ich hier nicht mit Hilfe des Herrn, dann folgt die Tat. Wiederholt sich die Tat, so entsteht daraus eine Gewohnheit: entweder Widerstand gegen die Sünde oder Leben in der Sünde. Hat die Gewohnheit sich dann in unser Fleisch eingefressen, formt sie den Charakter. Bezeichnend für sexuelle Sünde ist, dass die Menschen, die sich ihr hingeben, immer weiter abrutschen in immer abartigere Praktiken bis hin zu Kindesmissbrauch und anderen Gräueltaten. Hier gehen Menschen kaputt und werden vom Teufel zerstört. Oft kommt dann auch noch Drogenkonsum hinzu. Hierfür gibt es leider traurige Beispiele. Erfolgt keine tief greifende Umkehr, keine Buße, so prägt dieser angewöhnte Charakter dann das Schicksal und der Mensch kommt in die Hölle.

Nur der Herr Jesus Christus kann aus solchen Gebundenheiten und Sünden noch befreien. Und Er tut es auch, Gott sei Dank! Er kann uns herausholen aus dem Schmutz, dem Schlamm der Sünde und uns mit Seinem Blut reinwaschen von unseren Sünden. So steht auch in 1. Korinther 6,9-11: *Wisset ihr nicht, dass die Ungerechten das Reich Gottes nicht erben werden? Lasst euch nicht irreführen! Weder die Unzüchtigen noch die Götzendiener noch die Ehebrecher noch die Weichlinge noch die Knabenschänder noch die Diebe noch die Geizigen noch die Trunkenbolde noch die Lästerer noch die Räuber werden das Reich Gottes erben! Und solche sind etliche unter euch gewesen. Aber ihr seid abgewaschen, ihr seid geheiligt, ihr seid gerecht geworden durch den Namen des Herrn Jesus Christus und durch den Geist unseres Gottes.*

Wie wunderbar, dass es Hoffnung gibt für Menschen, die Buße tun. Wir dürfen mit der Gnade Gottes nicht spielen, sondern sobald wir Sünde als Sünde erkannt haben, müssen wir sie bekennen und uns von